счёт до 10

1	один Eins
2	два Zwei
3	три Drei
4	четыре Vier
5	пять Fünf
6	шесть Sechs
7	семь Sieben
8	восемь Acht
9	девять Neun
10	десять Zehn

ЗУБНАЯ ЩЁТКА	die Zahnbürste
ЗУБНАЯ ПАСТА	die Zahnpaste
ПИЖАМА	der Schlafanzug
ЗЕРКАЛО	der Spiegel
ВАННАЯ КОМНАТА	das Badezimmer
УМЫВАЛЬНИК	das Waschbecken
БУДИЛЬНИК	der Wecker
НОЧНАЯ РУБАШКА	das Nachthemd
УНИТАЗ	das Klosettbecken
САМОЛЁТ	das Flugzeugspielzeug
КУБИКИ	die Bauklötze

ДОБРОЕ УТРО! GUTEN MORGEN!

АНТОН ВСТАЁТ. Anton steht auf.

МАРИНА ЧИСТИТ ЗУБЫ. Marina putzt die Zähne.

СЛОНИК	der Elefant
КУКЛА	die Puppe
МЫЛО	die Seife
ПОДУШКА	das Kissen
ЛАМПА	die Tischlampe
ПЛЮШЕВЫЙ МИШКА	der Teddybär
РАСЧЁСКА	der Kamm
КРОВАТЬ	das Bett
ТАПОЧКИ	die Hausschuhe
КНИГА	das Buch

3

ПРЫГАЛКИ	das Sprungseil
ГЛАЗ	das Auge
НОС	die Nase
ГОЛОВА	der Kopf
УХО	das Ohr
РОТ	der Mund
ЛОКОТЬ	der Ellbogen
СОБАКА	der Hund
ЖИВОТ	der Bauch
КОЛЕНО	das Knie
КРОССОВКИ	die Laufschuhe

ДЕЛАЕМ ЗАРЯДКУ FRÜHGYMNASTIK MACHEN

ДЕТИ ДЕЛАЮТ ЗАРЯДКУ КАЖДОЕ УТРО.
Die Kinder machen Frühgymnastik jeden Morgen.

- ВОЛОСЫ — die Haare
- ЛАДОНЬ — die Hand
- ПЛАКАТ — das Plakat
- ГАНТЕЛИ — die Hanteln
- РУКА — der Arm
- КОТ — die Katze
- МАЙКА — das Turnhemd
- СТУПНЯ — der Fuß
- ШОРТЫ — die Shorts
- НОГА — das Bein

РУБАШКА	das Hemd
ПУГОВИЦА	der Knopf
ШАПКА	die Mütze
ВАРЕЖКИ	die Fäustlinge
НОСКИ	die Socken
ПАЛЬТО	der Mantel
ПЕРЧАТКИ	die Handschuhe
ТУФЛИ	die Schuhe
КОЛГОТКИ	die Strumpfhose
ЗОНТ	der Regenschirm
САПОГИ	die Stiefel

ЧТО НАДЕТЬ? WAS ZIEHEN WIR AN?

МАРИНА НАДЕВАЕТ ШАПКУ. Marina setzt sich die Mütze auf.
АНТОН НАДЕВАЕТ БОТИНКИ. Anton zieht sich die Schuhe an.

- ШЛЯПА — der Hut
- ПЛАТЬЕ — das Kleid
- ЮБКА — der Rock
- ШАРФ — der Schal
- КУРТКА — die Jacke
- СВИТЕР — der Pullover
- ДЖИНСЫ — die Jeans

ТАРЕЛКА	der Teller
КАША	die Grütze
НОЖ	das Messer
ВИЛКА	die Gabel
КРАН	der Wasserhahn
КАСТРЮЛЯ	der Topf
ЛОЖКА	der Löffel
ЗАВАРОЧНЫЙ ЧАЙНИК	die Teekanne
СКОВОРОДА	die Pfanne
ЧАШКА	die Tasse
САХАР	Der Zucker
ЯЙЦО	das Ei

ПРИЯТНОГО АППЕТИТА! GUTEN APPETIT!

ДЕТИ ЗАВТРАКАЮТ. **Die Kinder frühstücken.**
МАМА ОТКРЫВАЕТ ХОЛОДИЛЬНИК.
Die Mutter macht den Kühlschrank auf.

ПЛИТА
der Herd

МАСЛО
die Butter

БУЛОЧКА
das Brötchen

ЧАЙНИК
der Teekessel

СЫР
der Käse

ПОРТФЕЛЬ	die Schultasche
ДОСКА	die Tafel
МЕЛ	die Kreide
КИСТЬ	der Pinsel
РУЧКА	der Kugelschreiber
КРАСКИ	die Farben
КЛЕЙ	der Klebstoff
КАРАНДАШ	der Bleistift
ЛАСТИК	der Radiergummi
НОЖНИЦЫ	die Schere
СТОЛ	der Tisch

10

НА ЗАНЯТИЯХ IM UNTERRICHT

МАРИНА ПИШЕТ. **Marina schreibt.**
ДЕТИ РИСУЮТ. **Die Kinder malen.**

УЧИТЕЛЬНИЦА
die Lehrerin

СТЕНА
die Wand

ОКНО
das Fenster

БУМАГА
das Papier

ПЕНАЛ
der Federkasten

СТУЛ
der Stuhl

11

НАУШНИКИ	die Kopfhörer
ФОТОАППАРАТ	der Fotoapparat
ТЕЛЕВИЗОР	der Fernseher
РЫБА	Der Fisch
АКВАРИУМ	das Aquarium
DVD-ПЛЕЕР	der DVD-Player
ГАЗЕТА	die Zeitung
МОБИЛЬНЫЙ ТЕЛЕФОН	das Mobiltelefon
КРЕСЛО	der Sessel

ОТДЫХАЕМ ДОМА   ERHOLUNG ZU HAUSE

ПАПА ЧИТАЕТ ГАЗЕТУ.   **Der Vater liest die Zeitung.**

МАРИНА ИГРАЕТ НА КОМПЬЮТЕРЕ.   **Marina spielt Computer.**

- КАРТИНА — **das Gemälde**
- ДИВАН — **das Sofa**
- ТЕЛЕФОН — **das Telefon**
- КОМПЬЮТЕР — **der Computer**

БАБОЧКА
der Schmetterling

ПТИЦА
der Vogel

ДЕРЕВО
der Baum

СОЛНЦЕ
die Sonne

БОЖЬЯ КОРОВКА
der Marienkäfer

КАЧЕЛИ
die Schaukel

ПОДСОЛНУХ
die Sonnenblume

ГУСЕНИЦА
die Raupe

ПЧЕЛА
die Biene

ОДУВАНЧИК
der Löwenzahn

РОМАШКА
die Kamille

14

ИГРАЕМ ВО ДВОРЕ SPIELEN IM HOF

АНТОН ИГРАЕТ С СОБАКОЙ. **Anton spielt mit dem Hund.**
МАРИНА КАЧАЕТСЯ НА КАЧЕЛЯХ. **Marina schaukelt.**

ТРУБА **der Schornstein**

КРЫША **das Dach**

ДОМ **das Haus**

КОЛОКОЛЬЧИК **die Glockenblume**

УЛИТКА **die Schnecke**

МАК **der Mohn**

15

- ВЕЛОСИПЕД — **das Fahrrad**
- ТРАМВАЙ — **die Straßenbahn**
- СВЕТОФОР — **die Ampel**
- АВТОБУС — **der Bus**
- МУЖЧИНА — **der Mann**
- РЕБЁНОК — **das Kind**
- МАЛЬЧИК — **der Junge**

НА УЛИЦЕ AUF DER STRASSE

ДОРОГУ ПЕРЕХОДЯТ ТОЛЬКО НА ЗЕЛЁНЫЙ СВЕТ.
Die Strasse wird bei grün überquert.

ЖЕНЩИНА
die Frau

МЕТРО
die U-bahn

ОСТАНОВКА
die Haltestelle

МАШИНА
das Auto

ДЕВОЧКА
das Mädchen

17

ДЕНЬГИ	das Geld
БАКЛАЖАН	die Aubergine
ОГУРЕЦ	die Gurke
ПОМИДОР	die Tomate
МОРКОВЬ	die Möhre
КАПУСТА	der Kohl
ЛУК	die Zwiebel
КАРТОШКА	die Kartoffeln
АНАНАС	die Ananas
КАССА	die Kasse

В МАГАЗИНЕ IM GESCHÄFT

МАМА ПОКУПАЕТ ПРОДУКТЫ. Die Mutter kauft Lebensmittel ein.
В МАГАЗИНЕ МНОГО РАЗНЫХ ОВОЩЕЙ И ФРУКТОВ.
Im Geschäft gibt es viele verschiedene Gemüse und Obst.

- КОЛБАСА — die Wurst
- ХЛЕБ — das Brot
- МОЛОКО — die Milch
- МЯСО — das Fleisch
- ВИШНИ — die Kirschen
- СЛИВА — die Pflaume
- БАНАН — die Banane
- ВИНОГРАД — die Weintraube
- ЯБЛОКО — der Apfel
- АПЕЛЬСИН — die Orange
- ГРУША — die Birne
- ЛИМОН — die Zitrone

19

ПОПУГАЙ
der Papagei

ЗЕБРА
das Zebra

ЖИРАФ
die Giraffe

ВОЗДУШНЫЙ ШАРИК
der Luftballon

КЕНГУРУ
das Känguruh

БЕГЕМОТ
das Flußpferd

20

В ЗООПАРКЕ IM ZOO

БЕГЕМОТ ПЛАВАЕТ. **Das Flußpferd schwimmt.**
МЕДВЕДИ ИГРАЮТ. **Die Bären spielen.**

ЛЕВ
der Löwe

МОРОЖЕНОЕ
das Eis

МЕДВЕДЬ
der Bär

СЛОН
der Elefant

21

ГУСЬ
die Gans

КОРЗИНА
der Korb

ЛЕСТНИЦА
die Treppe

ПРУД
der Teich

УТКА
die Ente

22

НА ФЕРМЕ IN DER FARM

ДЕТИ СОБИРАЮТ ФРУКТЫ. Die Kinder sammeln Früchte.

ТРАКТОР	**der Traktor**

ЛОШАДЬ
das Pferd

СЕНО
das Heu

КОРОВА
die Kuh

СВИНЬЯ
das Schwein

КУРИЦА
das Huhn

ОВЦА
das Schaf

ПЕТУХ
der Hahn

МЫШЬ
die Maus

23

ЧТО КАКОГО ЦВЕТА?

- КРАСНЫЙ **rot**
- БЕЛЫЙ **weiß**
- ЖЁЛТЫЙ **gelb**
- ЧЁРНЫЙ **schwarz**
- СИНИЙ **blau**
- ЗЕЛЁНЫЙ **grün**
- ОРАНЖЕВЫЙ **orange**
- РОЗОВЫЙ **pink**
- КОРИЧНЕВЫЙ **braun**
- ФИОЛЕТОВЫЙ **lila**

24